Die kleinen Hefte

Motivation bei Kita-Kindern

Die SCHNELLE Hilfe!

Axel Conrad

Cornelsen

Die kleinen Hefte gibt es jetzt auch als Hörbuch. Auf den Internetseiten des Hörbuch-Verlags cc-live finden Sie Hörproben zu allen bereits erschienen Heften.

Lektorat: Mareike Kerz Lektorat & mehr, Mainz
Umschlagfoto: shutterstock / Vanessa van Rensburg
Umschlagkonzept und -gestaltung: Ungermeyer, grafische Angelegenheiten, Berlin
Layoutkonzept und technische Umsetzung: LemmeDESIGN, Berlin

www.cornelsen.de

1. Auflage 2019

Druck: AZ Druck und Datentechnik GmbH, Kempten

ISBN 978-3-589-16429-5

PEFC
PEFC/04-31-2260

PEFC zertifiziert
Dieses Produkt stammt aus nachhaltig bewirtschafteten Wäldern und kontrollierten Quellen.

www.pefc.de

Inhalt

Ein paar Worte vorab

Motivation oder Die Kunst zu demotivieren

Warum lesen Sie dieses Buch? Werden Sie dafür bezahlt oder belohnt? Wie würde es Ihnen gehen, wenn Ihnen Ihr Partner dafür Geld geben würde? Oder wenn er Sie dafür loben würde: „Gut gemacht." Würden Sie weiterlesen? Welche stille Aufforderung steckt hinter dem Lob? Was für ein Gefühl würden Sie bekommen? Wäre das für Sie motivierend und würden Sie Ihr nächstes Buch mit gutem Gewissen und einem guten Gefühl kaufen? Welchen Sinn hätte es für Sie noch, Bücher zu lesen?

Die innere Motivation, ein Buch aus eigenem Interesse zu lesen, und der Versuch, durch Belohnung und Lob Motivation zu schaffen, sind zwei völlig verschiedene Arten von Motivation.

Da das Thema einen hohen Stellenwert in der Pädagogik und auch in der Wirtschaft einnimmt, lohnt sich ein genauerer Blick darauf. Motivation ist die Grundlage dafür, zu lernen und Kompetenzen für eine gute Zukunft zu erwerben. Daneben geschieht auch etwas ganz anderes, was uns meistens nicht bewusst ist: Wir knüpfen an die Motivation unsere eigenen Ziele und Absichten, beispielsweise unsere Vorstellungen eines guten Lebens für die Kinder. Der Wunsch ist in Ordnung, doch wenn daraus ein Projekt wird, entfernen wir uns von den Kindern und haben am Ende nur noch das „Funktionieren" im Auge. Das Kind soll machen, was wir von ihm wollen. Das scheint ein hehres Ziel, wenn man dabei außer Acht lässt, dass eigentlich Manipulation und Fremdsteuerung dahinterstehen. Wie später noch deutlich wird, sind eben dies die Grundlagen für fehlende Motivation.

Nicht motiviert zu sein wird zum Defizit. Kennen Sie Kinder mit Langeweile? Oder Kinder, die „keinen Bock“, keine Lust haben? Die passiv erscheinen, die Anstrengungen vermeiden, die bequem sind und die keine Verantwortung übernehmen wollen? Schon beginnt der Kampf um die Motivation, der bei genauerer Betrachtung ein Kampf gegen die Symptome ist. Darauf mit Belohnungen oder mit Lob zu reagieren, verstärkt das Verhalten auf Dauer. Aus einem Wollen wird ein Müssen. Anpassung statt Motivation.

Vorab sei so viel verraten: Belohnen führt nicht zu besseren Ergebnissen. Im Gegenteil: Je komplexer die Aufgaben, desto destruktiver wirken Belohnungen. Dennoch wird damit gearbeitet. Das beginnt im frühen Kleinkindalter und geht weiter in der Kita, in der Schule, in der Ausbildung und im Beruf.

Sie sehen, die Dinge sind oft anders, als man vermutet. Dieses Büchlein möchte Sie einladen, die gewohnten Wege zu verlassen, und Sie ermutigen, neue Wege zu gehen. Sie werden einen sinnvolleren Zugang zur Motivation bekommen und Sie können zukünftig auf unwirksame Methoden verzichten. Hilfreich sind dabei Erkenntnisse aus der Wissenschaft, die zuweilen sehr gegensätzlich zur gelebten Praxis sind.

Gut zu wissen

Wenn Motivation das Gegenteil bewirkt

„Menschen müssen motiviert werden." Dieser Satz regt kaum zu einem Widerspruch an. Das könnte damit zu tun haben, dass wir uns an die bestehende Motivationslogik schon so gewöhnt haben, dass sie uns in Fleisch und Blut übergegangen ist. Schließlich treffen wir permanent auf das Thema Motivation und auf Tipps, was Menschen motiviert. Daran knüpfen sich in der Regel die Themen Belohnung und Lob an, die unseren Alltag bis in die kleinste Ritze durchdrungen haben: Ob in der Familie, in der Kita, in der Schule oder in der Wirtschaft, ohne Lob und Belohnung scheint nichts mehr zu gehen. Dem gegenüber stehen unzählige Versuche zum Thema Motivation, die das Gegenteil behaupten. Dass wir trotzdem an unserer Auffassung festhalten, hat mit der Macht der Gewohnheit zu tun: Wenn das alle machen, kann es ja nicht so falsch sein.

TIPP Erwachsene sollten sich generell die Frage stellen, welches Ziel ihre Erziehung haben soll. Wollen Sie angepasste, gehorsame Kinder oder verantwortungsvolle, kreative Kinder? So klären Sie Ihre eigene Position.

Ein Blick auf die Auswirkungen macht sichtbar, wie sehr wir uns dabei in einem Hamsterrad bewegen. Wir schaffen durch unsere Handlungen die Symptome, die wir mit mehr derselben Handlungen bekämpfen wollen. Untersuchungen zeigen, dass Belohnung und Lob letzten Endes dazu führen, dass die innere Motivation erlahmt, wir passiv und träge werden und diese Anzeichen mit noch mehr Belohnung bekämpfen wollen. Die Folge: noch mehr Passivität und noch mehr Trägheit.

Die scheinbaren Vorteile der Belohnungssysteme

Belohnung und Lob stehen ganz oben, wenn es um das Thema Motivation geht, und sie werden in fast allen Lebensbereichen seit vielen Jahren eingesetzt. Wir lesen auch immer wieder, wie wichtig es ist, Kinder zu loben und sie zu belohnen.

Belohnungen sind im Allgemeinen mit Zielen verbunden. Belohnungen bekommen diejenigen, die das tun, was wir von ihnen wollen: wenn – dann. „Wenn du dein Zimmer aufräumst, bekommst du ein Überraschungsei." So soll das Kind motiviert werden, sein Zimmer aufzuräumen. Tut es das nicht, bekommt es auch keine Belohnung, was dann einer unausgesprochenen Strafe gleichkommt: „Weil du dein Zimmer nicht aufgeräumt hast, bekommst du kein Überraschungsei." Die Begleiterscheinungen sind Enttäuschung und Ablehnung: „Du wirst schon sehen, wo das endet" oder „Wenn du das nächste Mal etwas von mir willst, sage ich auch nein". Das kann zu Rückzug und Kontaktabbruch führen, was Liebesentzug bedeutet, der langfristig Angst erzeugt und eine der schmerzhaftesten Erfahrungen für Kinder ist.

Das Grundmuster der Belohnungen ist immer dasselbe: Wenn jemand das tut, was ich von ihm will, wird er belohnt. Anders ausgedrückt: Wer das nicht tut, bekommt nichts. „Ohne Fleiß kein Preis", wie es der Volksmund schon immer wusste. Belohnung hat also immer auch als Kehrseite die Bestrafung.

GUT ZU WISSEN Belohnungen führen nicht zu Motivation. Sie wirken manipulierend und führen zu Fremdbestimmung. Noch dramatischer: Sie führen langfristig zu Demotivation und Passivität.

Ein weiterer Aspekt ist bemerkenswert. Nachdem die Bestrafung als negative Sanktion nicht mehr als alleiniges Mittel angesagt ist und die Hinwendung zur Belohnung als Fortschritt gefeiert wurde, bleibt doch ein fader Beigeschmack. Auf den zweiten Blick, wenn wir oben Gesagtes zusammenfassen, steht im Hintergrund beide Male die Absicht, den eigenen Willen durchzusetzen (die eigene Macht auszuüben). Ist Belohnen vielleicht das neue Bestrafen? Haben wir etwas Altes einfach neu verpackt, ohne dabei unsere Haltung zu verändern? Vieles spricht dafür.

Zurück zu den Belohnungssystemen. Ich möchte an drei Punkten verdeutlichen, warum die Beliebtheit der Belohnungsmethoden so hoch ist.

1. Belohnungssysteme sind gängige Praxis und sie sind leicht verständlich. Wenn jemand etwas tut, dann bekommt er eine Belohnung. Das kennen wir von Kindesbeinen an und wir können auch heute das Belohnungsprinzip bis in die Arbeitswelt verfolgen. Die Macht der Gewohnheit hat uns da schon ziemlich fest im Griff. Belohnungssysteme scheinen auch gerecht zu sein, denn sie belohnen diejenigen, die etwas tun, und lassen diejenigen außen vor, die nichts tun. Belohnungen lassen Vergleiche zwischen den Kindern zu. Daraus wird dann abgeleitet, welches Kind brav, fleißig oder motiviert ist. Belohnungssysteme sind leicht erlernbar und für jeden umsetzbar. Es bedarf keiner komplizierten Anleitungen. Wenn die Belohnung dann doch nicht funktioniert, liegt die Schuld bei den Kindern. Belohnungssysteme haben den großen Vorteil, dass sie einfach zu kontrollieren sind. Wenn das Ergebnis stimmt, kommt die Belohnung.
2. Unser Menschenbild trägt einen wesentlichen Teil dazu bei, dass die „Vorteile" der Belohnungssysteme so aufblühen konnten. Wir gehen immer noch von einem mechanischen Menschenbild aus,

das sich an Defiziten orientiert und das von „halbsozialen" Kindern ausgeht, die egoistisch sind, die lügen, die gierig und streitsüchtig sind. Die Antreiber heißen Konkurrenz, Gier, Machtkämpfe und Prestige. Dazu gesellen sich unsere Denkmuster in „entweder-oder", die sich in einfachen Begriffspaaren wie „richtig-falsch", „schuldig-unschuldig" und „wenn-dann" ausdrücken. Dieses Menschenbild ist aus heutiger Sicht nicht mehr tragbar. Vielmehr wissen wir heute, dass wir als Menschen schon von Geburt an kompetente und soziale Wesen sind.

3. Es gibt eine ganze Belohnungsindustrie, die ihren Teil zum Ganzen beiträgt. Die Werbung spricht dann von Sternstunden der Motivation und von Motivationssystemen. Lobkärtchen, Lobaufkleber, Lobstempelchen, Verhaltensampeln, „Positive Verstärkungs-Sets" und Lobübersichtstafeln versprechen die Vorteile der Belohnungssysteme: einfache Durchführung, einfache Regeln, spielerische Umsetzung, wenig Zeitaufwand – Motivations-Fastfood für Eilige. Dazu noch unzählige Erziehungsratgeber, die ebenfalls in das gleiche Horn blasen: „Wenn – dann" wird zum Prinzip erhoben.

Lob und Belohnung als Motivationsmacher. Wen wundert es da noch, dass Lob und Belohnungen so weit verbreitet sind, dass sie immer noch gelehrt und gelernt werden. Die Ausbildung und die Lehre haben da immer noch einen blinden Fleck zu beleuchten.

REFLEXION

- Welche Absicht haben Sie, wenn Sie mit Belohnung und Lob arbeiten?
- Woher kommen diese Absichten und Vorstellungen?
- Mit welchen Gefühlen sind sie gekoppelt?

Belohnungssysteme gaukeln vor, dass das Zusammenleben im Prinzip ganz einfach sein kann. Sie sind Ausdruck einer Haltung, die aus der Gehorsamskultur stammt. Mit ihnen wird auf etwas modernere Art versucht, eigene Erwartungen durchzusetzen. Welche Erwartungen sind das und woher kommen sie? Ein Blick auf unsere gesellschaftlichen und ökonomischen Rahmenbedingungen zeigt, dass diese durch Konkurrenz und Erfolg geprägt sind. Das sind (oder waren?) die Erfolgsfaktoren einer prosperierenden Welt. Jedoch sehen wir erste Kratzer und Risse auf der Oberfläche. Veränderungen und Krisen stehen vor der Tür und schüren Unsicherheiten und Ängste. Diese wiederum entwickeln in vielen Fällen eine verstärkte Reaktion in Richtung der gewohnten Erfolgsfaktoren, suchen also noch mehr Erfolg. Also noch mehr Bildung und Kompetenzen, Abitur und Studium in Rekordzeit, noch schnellere Karriere, noch mehr Geld. Die Steigerungslogik hat uns fest im Griff. Im Hintergrund ist das Gefühl, dass wir der Entwicklung nicht mehr hinterherkommen. Schließlich wird die Daueroptimierung zum Bumerang.

Vieles von dem läuft im Kindesalter noch auf einer unbewussten Ebene ab. Lob und Belohnung sind meist gut gemeint, aber das gut Gemeinte verwandelt sich schnell zu seinem Gegenteil: Die Kinder werden zunehmend stärker verunsichert und in ihrer Persönlichkeitsentwicklung gehemmt. Es geschieht das Gegenteil von dem, was Kinder bräuchten.

Es entstehen Versagensängste, Angst, missachtet zu werden, nicht gut genug zu sein und bestraft zu werden

Was ich hier etwas zugespitzt habe, dient der Bewusstmachung dessen, was wir heute üblicherweise tun. Je bewusster uns unser Handeln wird, desto größer sind die Chancen auf Veränderung.

REFLEXION
Wie würden Sie Ihr Menschenbild beschreiben?
Wie könnte ein gutes Leben aussehen? An was würden Sie das merken? Wie würde es Ihren Kindern gehen?

Motivation in der Familie: Das Beste wollen

Was treibt Eltern an? Die eigenen Kinder sollen es mal besser haben. Daraus wird oft abgeleitet, dass Kinder bestimmte Kompetenzen lernen sollten, um im späteren Berufsleben anschlussfähig zu sein. Doch wie sieht das spätere Berufsleben aus? Wissen wir, wie unsere Kinder in 20 Jahren arbeiten werden und welche Berufe es da noch gibt oder welche neu entstanden sind? Wie sieht die Welt in 20 Jahren aus? Das alles wissen wir heute noch nicht. Aber wir erahnen, dass es zu einigen Umbrüchen und Krisen kommen wird. Diese Unsicherheiten führen dann zu noch mehr Stress, zu noch größeren Anstrengungen. Wir neigen dazu, uns noch mehr an das Bekannte zu klammern und meinen, damit für eine veränderte Welt gewappnet zu sein. Dabei geraten wir schnell in das Alltags-Hamsterrad. Es besteht aus Perfektion, Erfolg, Wettbewerb und Frustrationsvermeidung. Die Begriffe möchte ich im Folgenden erläutern.

Perfektion ist ein sehr bekanntes Thema. Wenn wir es nicht besser wüssten, könnte man meinen, es sei genetisch bedingt. Die hohen Ansprüche richten sich in erster Linie an uns selbst. Die Messlatte liegt bei 100 % und die momentane Situation wird in der Regel negativ bewertet (was die Sache nicht besser macht, da von einer sehr niedrigen Basis die 100 % noch schwerer zu erreichen sind). Das Fatale ist, dass die letzten 20 % zur Perfektion den größten Anteil unserer Energie verbrauchen – nämlich 80 %. Würden Sie Ihre Ansprüche um die besagten 20 % senken und sich mit 80 % Perfektion zufriedengeben, könnten Sie 80 % Ihrer Energie sparen (das ist das sogenannte Pareto-Prinzip). Vermutlich würde das niemand merken außer Ihnen. Ihre Energiebilanz wäre wieder in Balance, Sie hätten vermutlich sogar einen Überschuss an Zeit und Energie. Den eigenen Perfektionsanspruch übertragen wir in der Regel auch auf unsere Kinder, die damit das gleiche Gefühl bekommen, dass sie nie gut genug seien.

Erfolg ist das Ergebnis einer guten Leistung. Diese Leistung wird von anderen Menschen beurteilt und wird mit Belohnungen bestätigt. Doch hat Erfolg immer auch Folgen. Wir werden von der Beurteilung anderer Menschen abhängig und unsere Sicht auf die Dinge schränkt sich stark ein. Das eigene Ego wird gefördert, die persönliche Entwicklung bleibt zurück.

Der *Wettbewerb* ist tief in unsere Gesellschaft eingedrungen und vermittelt, dass wir nie gut genug sind. Im Wettbewerb zu anderen muss ich ihnen immer eine Nasenlänge voraus sein. Ein endloser Überlegenheitskampf, der andere immer als Konkurrenten sieht.

Frustrationsvermeidung wird durch die glückliche und konfliktfreie Familie erreicht. Alle Störungen werden als Gefahr für die häusliche Harmonie gesehen.

Können Sie sich vorstellen, dass in diesem Alltags-Hamsterrad Motivation entstehen kann?

GUT ZU WISSEN Überhöhte Ansprüche und das Gefühl, nie gut genug zu sein, führen zu Stress. So entstehen selbstgemachte Problemtrancen, die den Alltag und Ihr Leben belasten. Aus Begeisterung wurde Frustration, aus Freude wurde Passivität. In so einem Umfeld helfen keine Belohnungen, solang sich das Klima nicht verändert und die Balance wiederhergestellt ist.

Am Ende entwickeln wir Versagensängste, die uns beherrschen und die Beziehung zu unseren Kindern schwächen. Die Welt steht Kopf – stellen Sie sie wieder auf die Beine! Ein erster Schritt ist, sich dieser Phänomene bewusst zu werden. Denn was Ihnen bewusst ist, beherrscht Sie nicht mehr im gleichen Ausmaß.

Ein besonderes Phänomen ist das der Langeweile. Sie kann auch ein sehr natürlicher und, was kaum zu glauben ist, ein schöpferischer Vorgang sein. Üblicherweise reagieren wir auf Langeweile bei Kindern mit Vorschlägen und Angeboten, was nicht selten dazu führt, dass Kinder kurze Zeit später wieder kommen und fragen: „Habe ich gemacht. Und jetzt?" Daraus kann schnell die Selbstverpflichtung entstehen, das Kind ständig „anschieben" zu müssen. Wahre Kreativität entsteht so nicht, denn sie braucht den Raum und die Zeit, damit sie als schöpferischer Moment entstehen kann. Mit etwas Geduld werden Sie sehen, dass Kinder Interesse für Neues entwickeln und unmittelbar anfangen, ihre Ideen umzusetzen.

Sind Sie schon in der Sackgasse der Daueranimation, können Sie Ihrem Kind sagen, dass Sie die Situation verändern möchten. „Bisher habe ich gedacht, ich muss das so machen. Ich merke, das ist für mich nicht gut, deshalb werde ich dir in Zukunft keine Vorschläge mehr machen. Ich bin mir sicher, dass dir nach einiger Zeit etwas einfällt, was du tun kannst." Der Nebeneffekt ist, dass das Kind auch lernt, mit seiner Frustration umzugehen statt in die Opferrolle zu gehen und andere für seine Situation verantwortlich zu machen. Das verlangt von uns Erwachsenen, dass wir Frustration nicht als Defizit behandeln.

REFLEXION

- Wie realistisch sind Ihre Vorstellungen über das gute Leben?
- Welche Erwartungen haben Sie?
- Welches Gefühl haben Sie, wenn sich Ihr Kind langweilt?
- Welche Impulse kommen Ihnen?
- Können Sie sich vorstellen, dass Ihr Kind auch ohne Ihr Zutun kreative Lösungen findet? Wie ginge es Ihnen dabei, wenn Sie „nichts" tun?

Motivation in der Kita: Zwischen den Stühlen

Der Erwartungsdruck auf Kitas nimmt ständig zu. Im frühesten Kindesalter sollen Kinder gebildet werden, sollen Kompetenzen für ihr späteres Leben erwerben. Die Kita sitzt zwischen den Stühlen fremder Erwartungen: Eltern, Schule, Gesellschaft, Politik und Wirtschaft haben ihre eigenen Vorstellungen, was die Kita tun muss. Dazu kommt noch der pädagogische Auftrag der Fachkräfte. Durch die entstehenden Verunsicherungen wird Halt allzu oft in verschiedenen Formen der Qualitätssicherung gesucht, um nach außen das eigene Tun zu rechtfertigen und zu dokumentieren. Bei allem, was dabei nützlich sein kann, wird fast regelmäßig vergessen, dass die Qualitätssicherung keine Verbindung zur Qualität der zwischenmenschlichen Beziehungen herstellt. Schlimmer noch: Sie schadet dem Kern der Pädagogik und macht Kinder zu Objekten.

Die Folgen: Kinder werden beobachtet und fotografiert (statt sie zu sehen), gefördert (statt eingeladen und ermutigt) und beurteilt (statt anerkannt). Dokumentationen weisen akribisch nach, welche Defizite noch vorhanden sind und was dagegen getan werden muss und getan wird. All diese Entwicklungen zusammengenommen können durchaus dazu führen, dass Kinder eine Atmosphäre von Druck, Misstrauen und Kritik spüren und mit Passivität reagieren. Sie verweigern möglicherweise, was von ihnen verlangt wird, und sie verlieren, was sie von Geburt aus mitgebracht haben: ihren Entdecker- und Forschergeist, ihre innere Motivation, sich die Welt zu erschließen. Wenn es schlecht läuft, wird das wieder als Defizit protokolliert.

Nachdem die innere Motivation brachliegt, kommt die Motivation von außen. Belohnungssysteme sollen das ersetzen, was vorher zerstört wurde. Jetzt lernen Kinder endgültig, sich zu vergleichen, zu konkurrieren, sich in den Vordergrund zu drängeln, andere abzuwerten, zu petzen oder aber still zu werden und sich zurückzuziehen. Das hat Auswirkungen auf die Kinder in einer Gruppe, die dann möglicherweise unruhig oder auffällig werden. Damit die Kinder wieder still werden, bekommen sie eine Belohnung. Ein Teufelskreis.

Was in diesen Fällen immer wieder auf der Strecke bleibt ist die Beziehung zwischen pädagogischen Fachkräften und den Kindern.

REFLEXION

- Wie geht es Ihnen in Ihrer Rolle als Pädagogin/Pädagoge? Wie motiviert sind Sie? Wie begeistert sind Sie?
- Woher kommen die Erwartungen an Sie und welche sind das genau? Haben Sie das schon einmal in Ihrem Team ausgesprochen? Wie geht es den anderen Teammitgliedern? Welche Rolle nimmt die Leitung ein? Was könnten Sie ändern und was müsste passieren, dass sich etwas verändert? Dass es Ihnen besser geht?
- Wie würden Sie Ihre Beziehung zu den Kindern einschätzen und an was machen Sie das fest? Was würden die Kinder sagen, wenn man sie fragen würde?

Belohnung motiviert nicht

Woher nehmen wir unser Wissen zur Motivation? Was den meisten Menschen dazu einfällt, sind die Versuche mit Tieren. Mit Zucker belohnte Ratten drückten einen bestimmten Hebel nach der Belohnung öfter als zuvor. Das sogenannte operante Konditionieren ist noch heute in unseren Köpfen verankert, denn es ist so simpel und macht die Welt handhabbarer. Es entspricht dem immer noch sehr verbreiteten mechanistisch und defizitären Menschenbild, das wir in uns tragen. Was im Zirkus unter Dressur läuft, nennen wir Erziehung.

Das Missverständnis liegt in der Tatsache, dass wir als Menschen von Geburt an soziale Wesen sind, dass wir Würde und Vernunft haben und dass wir uns nur in der Gemeinschaft entwickeln können, kurz gefasst: Wir sind keine Tiere.

GUT ZU WISSEN Belohnungen haben einen gegenteiligen Effekt. Sie unterwandern das, was sie stärken möchten: die Motivation.

Motivation ist in uns angelegt. Sie ist abhängig von Begeisterung, Offenheit, der Sinnhaftigkeit der Aufgabe, von den gelebten Beziehungen und von den Haltungen der Erwachsenen.

Neuere wissenschaftliche Untersuchungen belegen eindeutig, dass Belohnung und Lob langfristig nicht motivieren. Was wir in einigen Fällen jedoch beobachten können ist, dass wir kurzfristige Effekte sehen, die uns anscheinend recht geben. Belohnungen können kurzfristig oder bei sehr einfachen Tätigkeiten erfolgreich sein. Langfristig geschieht allerdings bei fast allen Belohnungen das Gegenteil: Die Motivation sinkt, die Kreativität sinkt, die Ergebnisse werden deutlich schlechter. Interesselosigkeit, negatives Verhalten und Opportunismus nehmen zu. Die Belohnten geben ihre Eigenständigkeit auf. Je komplexer oder kreativer die Aufgaben werden, umso negativer sind die Auswirkungen der Belohnungssysteme. Die Vergleichsgruppen ohne Belohnung hingegen schneiden auffallend gut ab im Vergleich zu Gruppen die belohnt wurden. Bedeutet das auch, dass das Ergebnis umso schlechter ausfällt, je höher die Belohnung ist? Ja, genau dieser Zusammenhang wurde in Versuchen festgestellt. Diejenigen, die die höchste Belohnung bekamen, lieferten das schlechteste Ergebnis ab. Die besten Ergebnisse wurden ohne Belohnungen erreicht. Bemerkenswert ist, dass viele Versuche gerade mit Kindern gemacht wurden. Auf die Erwachsenenwelt übertragen heißt das aber keinesfalls, dass Menschen für ihre Arbeit nicht mehr bezahlt werden müssen. Ohne ein gerechtes Einkommen wird sich zwangsläufig alles ums Geld, auch in Form von Belohnungen, drehen. Denn die bekommen dann einen höheren Stellenwert, da sie dazu dienen, grundlegende Lebensbedürfnisse zu befriedigen.

REFLEXION

- Für was wurden Sie in Ihrer Kindheit belohnt und wie?
- Was hat die Belohnung bei Ihnen für ein Gefühl ausgelöst?
- Haben Sie auch Belohnungen ausgehandelt?
- Wurde Ihre Motivation dauerhaft gefördert?
- Wurden Ihre Bedürfnisse erfüllt, fühlten Sie sich als Mensch gesehen?
- Falls nicht: Was hätten die Erwachsenen tun müssen, dass Ihre Motivation gefördert wird und dass Sie sich gesehen fühlen?

Beispielhaft möchte ich an einigen Experimenten verdeutlichen, wie sich Belohnungen auswirken. Ein Experiment zur Hilfsbereitschaft zeigt, dass Kinder, die nicht belohnt werden, hilfsbereiter sind.

Die Kinder, die unmittelbar nachdem sie geholfen haben, eine Belohnung bekamen, ließen in ihrer Hilfsbereitschaft nach. Dasselbe Phänomen wurde bei Kindern beobachtet, die ein Puzzle erfolgreich zusammengesetzt hatten und dafür dann mit Süßigkeiten belohnt wurden. Die Freude dieser Kinder sank auffallend im Vergleich zu denjenigen, die nicht belohnt wurden.

Ein weiteres Beispiel zur Verdeutlichung, bei dem es um das Lösen einer Denksportaufgabe ging. Die eine Gruppe bekam keine Belohnung. Ihr wurde lediglich mitgeteilt, dass es um die Ermittlung der Zeit geht, die für die Lösung gebraucht wird. Die andere Gruppe bekam eine Belohnung. Gemessen wurde die Zeit, die benötigt wurde, um die Aufgabe zu lösen. Diejenigen, die zu den schnellsten 25 % gehörten, wurden belohnt, der Schnellste bekam eine noch höhere Belohnung. Ein klassisches Belohnungsbeispiel. Das Ergebnis war ernüchternd. Die Gruppe, die belohnt wurde, benötigte über drei Minuten länger zur Lösung der Aufgabe als die Gruppe, die keine Belohnung bekam.

Die Differenz zwischen den wissenschaftlichen Erkenntnissen und unserem Glauben an die eingesetzten Belohnungssysteme in den Familien, in der Pädagogik und auch in der Wirtschaft ist enorm groß. Das heißt wir machen ziemlich genau das Gegenteil von dem, was aus unzähligen Versuchen geschlossen werden kann.

Da drängt sich die Frage auf, warum wir immer noch daran festhalten. Das lässt sich vielleicht besser durch eine andere Frage beantworten: Wenn wir die Belohnungssysteme einfach beenden würden, wie würden wir uns dann verhalten? Vermutlich ist die Annahme, dass dann alle machen, was sie wollen, nur nicht mehr das, was sie sollen. Wir würden damit die Kontrolle und die Macht aufgeben. Jetzt kommt wieder unser Menschenbild ins Spiel und das, was wir bisher beobachtet haben. Daraus wird vermutlich die Schlussfolgerung gezogen: Die Bequemlichkeit kann nur durch Belohnungen überwunden werden. So bestätigt sich immer wieder das, was wir zu wissen glauben. Veraltete Annahmen bleiben bestehen, obwohl sich unser Wissen längst verändert hat. Es lässt sich auch etwas ganz anderes beobachten, was das neue Wissen über Menschen unterstreicht: Wenn Menschen anerkannt werden und ein Umfeld vorfinden, das sie wachsen lässt, steigen die Kreativität und jegliche Leistungen.

An dieser Stelle der Hinweis, dass es nicht um die pauschale Verurteilung von Belohnungen geht. Wir freuen uns, wenn wir sie aus tiefem Herzen bekommen und mit einem guten Gewissen, wenn wir als Mensch wahrgenommen und gesehen werden und wir das Gefühl haben, dass das zwischenmenschliche Klima stimmt. Noch schöner fühlt es sich an, wenn es keinen expliziten Grund geben muss. Ein Geschenk, eine gemeinsame Unternehmung, einfach so. Weil Sie Ihr Kind lieben und seine Einzigartigkeit wahrnehmen. Weil es Ihnen ein Herzensbedürfnis ist.

Im Gegensatz dazu sind Belohnungen zerstörerisch durch ihre dahinter liegende Absicht der Manipulation.

Die Auswirkungen: Motivationswüsten

Kinder lernen schnell. Die entscheidende Frage wird über kurz oder lang sein: Wie komme ich ohne große Mühen an meine Belohnung?

Erst wird der (Belohnungs-)Preis verhandelt, danach kommt die Aufgabe. „Wie hoch ist die Belohnung dieses Mal?" – „Was, das gab's doch schon letztes Mal." Die Kehrseite der Medaille ist: Der Preis macht misstrauisch. Was stimmt mit der Aufgabe nicht, dass ich dafür eine Entschädigung bekomme oder gar Schmerzensgeld?

So stehen dann fordernde Kinder, die nur noch auf ihren eigenen Vorteil aus sind, vor den Erwachsenen. Die eigentliche Aufgabe rückt in den Hintergrund, dafür steigen die Ansprüche an die Belohnung. Die Passivität der Kinder, die erst etwas tun, wenn sie belohnt werden, wird systematisch durch Anreize gefördert, bis diese ausgereizt sind. Anders ausgedrückt könnte man sagen, dass die ursprüngliche innere Motivation durch Fremdsteuerung ersetzt wurde. Aus dem Wollen der Kinder wurde ein Müssen.

Die Folgen von Lob und Belohnung sind, wie beschrieben, Anpassung, ständige Manipulation und Gerechtigkeitsfragen, um das Belohnungsziel zu verhandeln. Fehlervermeidung steht ganz oben und somit sind immer die anderen die Schuldigen. Die eigene Überlegenheit wird zum Überlebensprinzip: „Seht, wie toll ich bin!" Ein übersteigertes Ego lenkt von innerer Leere und Versagensangst ab, Vorwürfe und Anklagen zeugen von nicht erfüllten Bedürfnissen. Die Persönlichkeitsentwicklung stockt. Das Leben an der Oberfläche hat die innere Entwicklung im Griff. Statt Neugier und Begeisterung haben sich Angst und Selbstzweifel in den Vordergrund geschoben. Sie sind der innere Antrieb für Teufelskreise, die durch negative Glaubenssätze („Ich schaffe das nicht") und Leistungsdruck („Nur wenn ich die Aufgabe löse, werde ich belohnt") gekennzeichnet sind.

Die Strategie der Erwachsenen, um aus dem Teufelskreis auszubrechen, in dem sich die Kinder befinden, sind – Sie ahnen es vermutlich – Lob und Belohnung. Doch das, was zu den Problemen geführt hat, führt meistens nicht zur Lösung, sondern verstärkt das Problem. Menschen bleiben im „Haben-wollen-Modus": Sie werden nicht erwachsen. Die süße Verführung der materiellen Welt lenkt vom eigentlichen Leben ab. Konsum und Routine ersticken die Neugierde.

An dieser Stelle sei ein Blick auf das Lob gerichtet. Das vordergründig Positive hat eine Kehrseite: Wie geht es Ihnen, wenn Sie gelobt werden? Sie kennen vielleicht das Gefühl, wie schwierig es sein kann, sich gegen ein Lob zu wehren. Daran spüren Sie, wie mächtig ein Lob ist und wie es die Betreffenden schwächen kann. Denn Lob ist ein Urteil, das jemand über Sie fällt, der über Ihnen steht (als Beurteilender). Lob führt zu einer Hierarchie. Der Lobende manipuliert Sie, indem er Ihnen seinen eigenen Willen aufzwingt. Etwas eleganter ausgedrückt, könnten wir auch über „Verführung" reden. Zusammengefasst: Jedes unpersönliche Lob ist leer. Es hat keine berührende Ebene, die die Menschen innerlich anspricht. Es entsteht keine Resonanz. Das Bedürfnis nach Wärme, Nähe und Liebe wird nicht befriedigt. Lob und Belohnung sind gewissermaßen die Ersatzbefriedigungen dafür. Das Lob überhöht das Bedeutungslose.

Irgendwann gehört die Belohnung vielleicht zum Selbstverständnis der Kinder. Die Fixierung auf die Belohnung wird zu einem „Rechtsanspruch". Die Machtverhältnisse haben sich jetzt in ihr Gegenteil verkehrt, die Kinder geben vor, was zu tun ist, damit die Aufgabe erfüllt wird.

Mit der Belohnung eng verbunden ist der **Konkurrenzgedanke.** An ihn ist das Prinzip des Siegers bzw. des Verlierers gekoppelt. Hierbei wird deutlich, um was es bei Belohnungen in Gruppen vor allem geht: den anderen auszustechen. Das führt unweigerlich zu Mitteln und Methoden wie Tricksereien, Manipulationen, Schuldzuweisungen, Vorenthaltung von Informationen, Fehlervermeidung und Lügen. Nichts bleibt unversucht, um sich selbst in einem besseren Licht erscheinen zu lassen. Das Interesse an der Aufgabe, die Neugier und intrinsische Motivation werden überlagert durch den Kampf um den Schein. Was treibt die Menschen in Konkurrenzsituationen an? Die Angst, als Verlierer daraus hervorzugehen und die Belohnung nicht zu bekommen, nicht anerkannt zu werden. Diese Angst führt zu Unsicherheit, engt das Handeln, das Denken und den Blick ein. Sie führt zu Vereinsamung und zu Entsolidarisierungseffekten und später im Leben zu Kämpfen um die immer knapper werdenden Aufstiegsmöglichkeiten. Angst ist einer der größten Widerstände für Weiterentwicklungen. Auf der anderen Seite gibt es bei der Konkurrenz die Siegeslust, bei der es darum geht, besser als andere zu sein und sich besser zu fühlen, wenn es anderen schlecht geht. Sie fördert die Selbstsucht und die Gier.

Die eigene Energie geht dann verstärkt in die egozentrische Übertreibung. Sie führt zu Egospielen und Machtkämpfen, die das Klima vergiften und vom eigentlichen Thema ablenken. Nebenschauplätze und entsprechende Konflikte sind Symptome unheilvoller Konkurrenz. Die Unterlegenen nehmen dann eine Vermeidungshaltung als Schutzfunktion ein. Sie entziehen sich und beginnen vielfach im Hintergrund Stolperfallen aufzubauen. Können so komplexe Aufgaben gelöst werden?

Doch die Frage bleibt, wieso wir am Konkurrenz- und Wettbewerbsgedanken festhalten. Dieser Denkansatz kommt aus der Ökonomie. Er beruht auf der Aussage des Wirtschaftsnobelpreisträgers August von Hayek (in Felber 2018, S. 19), die besagt, dass Wettbewerb die effizienteste Methode sei. Jedoch gibt es keine Studie, die das beweist. Das Gegenteil wurde jedoch bewiesen, wie bereits im Buch erwähnt.

Nochmal zurück zu den entstehenden Zukunftsängsten und Unsicherheiten. Erwachsene übernehmen diese Ängste und machen daraus Erwartungen an ihre Kinder, die es ja mal besser haben sollen. Der Kreis schließt sich. Das Projekt „Bessere Zukunft" nimmt seinen Lauf, die zerstörten Motivationsgrundlagen werden durch Belohnungen reanimiert. Ein Teufelskreis. Wir stoßen auf Motivationswüsten mit einem doppelten Effekt. Sie hinterlassen Wüsten im Außen: Fehlervermeidung, Manipulation, Schuldzuweisung, Egoismus, Konkurrenz, Macht- und Egospiele, Selbstherrlichkeit, Streitereien, Rechthaberei, Fremdbestimmung, Kontrolle, Misstrauen, Routine.

Sie hinterlassen Wüsten im Innen: Rückzug, Passivität, Resignation, Zynismus, Neid, Gier, Anpassung, ein niedriges Selbstwertgefühl, Selbstverachtung, eine verletzte Integrität, Ablehnung von Verantwortung, Opferrolle, Sinnkrise.

Dies sind die Symptome falsch verstandener Motivation. Die Ursachen sind die Belohnungssysteme. Unsere Reaktionen auf die oben genannten Symptome sind noch mehr und ausgefeiltere Belohnungssysteme – Energieverschwendung der sinnlosesten Art.

Die Bedeutung für die kindliche Entwicklung

Was motiviert uns wirklich?

Wenn Sie ein Baby oder ein kleines Kind beobachten, sehen Sie wunderbar, was Motivation ist und was Motivation ausmacht. Ob das Babys sind, die auf dem Bauch liegen und sich umdrehen wollen, um später mal zu krabbeln und zu laufen, oder Kinder, die gemeinsam spielen und sich an kniffligen Aufgaben versuchen und auch die Tatsache, dass sie oft scheitern und trotzdem weitermachen.

Kinder wollen die Welt entdecken und gestalten. Sie möchten aufgrund ihrer Fähigkeiten die Dinge, die sie interessieren, erkunden. Sie versuchen sich an Aufgaben, um neue Erfahrungen zu machen und Fähigkeiten zu erlernen und um zu wachsen. Dieses Phänomen nennt man **Selbstwirksamkeit.**

Richten Sie nun Ihren gedanklichen Blick auf Kinder, die in der dritten oder vierten Grundschulklasse sind. Was hat sich in vielen Fällen verändert? Wie sieht es um die Motivation aus, um sinnvolle Aufgaben, die die Kinder lösen möchten? Was wurde aus der ursprünglichen Neugierde? Welches Prinzip herrscht jetzt? Wie motiviert sind die Kinder noch?

Die Belohnungssysteme haben Einzug gehalten, schließlich werden Noten im Laufe der Grundschulzeit eingeführt, die für gute Leistungen belohnen und für schlechte Leistungen mit einer schlechten Note bestrafen. In diesem Zusammenhang werden die Belohnungssysteme noch durch Bestrafungssysteme erweitert. Neben den Noten gibt es dann Tafelstriche für Auffälligkeiten mit anschließenden Strafarbeiten und Nachsitzen. Das Strafen hat die Kinder wieder erreicht.

Im Alltag und in der Praxis ist die Suche nach dem Sinn bzw. nach dem Nutzen ein grundlegendes biologisches Bedürfnis des Menschen und sie ist die bedeutendste Motivationsquelle. Anders formuliert: Wenn wir Dinge tun sollen, die sinnlos sind, die für uns keinen Nutzen haben, nehmen wir eher Abstand. Dabei werden Sinn und Nutzen sehr individuell definiert. Das kann auch in eine völlig andere Richtung gehen: Wir können auch Dinge für sinnvoll halten (bspw. Macht, Konsum, Karriere), die nicht immer sinnvoll sind.

Die Frage nach dem Sinn ist nicht so einfach zu lösen und nicht so leicht zu beantworten. Kinder haben den Vorteil, dass sie noch authentischer sind und dass ihr Sinn einen direkten Bezug zu ihrem täglichen Leben hat. Sie entdecken den Sinn und den Nutzen beim Tun und im Dialog mit Erwachsenen: Welche Vorteile hat das, was ich gerade lerne? Wenn sie laufen lernen, schreiben und rechnen lernen, eigene Fähigkeiten entwickeln und entfalten können, liegen die Vorteile auf der Hand: Ich kann mich schneller fortbewegen, ich kann meinen Namen schreiben und ich kann Zahlen zusammenzählen. Kinder sehen bei anderen, älteren Kindern und bei Erwachsenen, welche Vorteile diese Fähigkeiten haben.

Ein anderes Beispiel ist der Umgang mit der Natur. Wie schon erwähnt möchten Kinder ihre Umwelt entdecken. Sie sind neugierig und möchten den Dingen auf den Grund gehen. Angenommen, Sie sind mit einem Kind auf einer Wiese und entdecken einen Schmetterling. Was sind Ihre ersten Reflexe? Kann es sein, dass Sie anfangen, den Namen des Schmetterlings zu nennen und ihn zu beschreiben und zu erklären? Was es noch für andere Arten gibt, wie es sich mit den Raupen verhält, wie daraus Schmetterlinge entstehen, dass sich auf manchen Schmetterlingsflügel „Tieraugen“ zum eigenen Schutz befinden, dass sie einen Saugrüssel haben, dass sie fast nur flüssige Nahrung zu sich nehmen und dass sie schön aussehen? Das ist natürlich gut gemeint, aber für das Kind verändert sich die Beziehung zur Natur – sie wird zum Objekt. Das innere Ergriffensein, das Leuchten der Augen, das direkte Erleben und die entstehende Fantasie und die aufkommenden Fragen des Kindes werden übergangen. Stattdessen Erklärungen, die das Kind auf die passive Zuschauerbank verweisen. Der Bezug zur Natur geht verloren. Wie können Sie Kinder unterstützen? Versuchen Sie, die Erklärungen wegzulassen, solang das Kind nicht danach fragt. Erhalten Sie den magischen Moment des Staunens und halten Sie ihn aus. Was löst der Schmetterling in Ihnen aus? Können Sie ihn achtsam ansehen und selbst ins Staunen geraten? Wie waren Ihre bisherigen Naturerfahrungen? Nähern Sie sich eher fragend statt belehrend. So bleiben ein Raum der Möglichkeiten und das Interesse der Kinder an der Sache.

Ein ähnliches Phänomen erleben wir mit Experimenten. Wenn im Experimentierkasten die vorgefertigten Versuche von den Erwachsenen in Position gebracht werden und die Kinder nur noch einen sehr eingeschränkten, bezugslosen Handlungsraum haben, werden die Kinder zu Statisten. Wenn es dann noch Belohnungen für die besten Ergebnisse gibt, verkehrt sich unser Wunsch vollends in sein Gegenteil. Das, was wir eigentlich erreichen wollen, zerstören wir: das Interesse an der Natur und an naturwissenschaftlichen Phänomenen. Dabei verlieren die Kinder die Motivation, Neues zu lernen. Es entsteht kein Resonanzgefühl, dass da etwas ist, was sie berührt, was bedeutsam ist und was ihnen unter die Haut geht. Statt sich die Welt anzueignen bekommen sie Erklärungen – das ist kein gutes Klima für Neugierde und Motivation.

AUF DEN PUNKT Neben der eigen(tlich)en Motivation gibt es die von außen geprägte Motivation. In der Pädagogik spricht man gerne von intrinsischer (von innen) und extrinsischer Motivation (von außen, z. B. in Form von Belohnungen). Zur extrinsischen Motivation gehört auch das weiter vorn beschriebene Streben nach Macht, Konsum und Karriere. Diese Ziele treiben Menschen ebenfalls an, bestimmte Dinge zu tun. Dabei steht oft das eigene Prestige im Vordergrund, weniger die eigene Persönlichkeit, die uns ausmacht. Wir werden davon (an-)getrieben, was „man“ so macht und mit jedem erreichten Ziel wird die innere Unzufriedenheit nach kurzer Zeit wieder stärker als zuvor. Die eigenen Bedürfnisse bleiben auf der Strecke. Liegt das eigene Lebensziel mehr auf äußeren Motivationsfaktoren, sinkt entsprechend die eigene Lebensqualität. Eine unbequeme Erkenntnis daraus ist: Die persönliche Entwicklung wird durch die äußeren Antriebe überlagert. Diese Entwicklung kann schon im Kindesalter beginnen, wenn die menschliche Nähe durch Materielles oder/und Anerkennung ersetzt wird.

REFLEXION

- Können Sie sich an Momente in Ihrer Kindheit erinnern, in denen Sie lustvoll Dinge erkundet haben?
- Woher kam Ihre Motivation?
- Wie waren die Bedingungen, wo fand das statt?
- Welche Personen waren dabei?
- Welche Gefühle waren im Spiel und welche Bedürfnisse wurden erfüllt?

Zur Bedeutung für die kindliche Entwicklung gehört auch die Verbindung zwischen Persönlichkeitsentwicklung und Motivation bei Kindern, die ich auf drei Ebenen verdeutlichen möchte.

Die kindliche Entwicklung ist ein Wechselspiel zwischen **Gebundenheit und Wachstum.** Beide Erfahrungen haben alle Kinder schon vorgeburtlich gemacht. Sie waren alle mit der eigenen Mutter verbunden und sie sind gewachsen. Diese glücklichen Erfahrungen haben sich im Gehirn verankert und sie wollen immer wieder gemacht und bestätigt werden. Dies gelingt umso besser, je mehr Vertrauen, Anerkennung und Bindung vorhanden sind und gleichzeitig der Wunsch nach Autonomie und Erwachsenwerden gestärkt wird. Zwischen diesen Polen spielt sich die kindliche Entwicklung ab. Als Entwicklungsbeispiel können wir beim Laufenlernen sehen, wie die Pole wirksam sind. Das Kind möchte unbedingt laufen, fällt jedoch immer wieder hin. Es lernt im wahrsten Sinn des Wortes „von Fall zu Fall", bis es am Ende laufen kann. Das geschieht umso leichter, je wertschätzender die Erwachsenen mit dem Kind umgehen. Diese gemachten Erfolge (man könnte es auch Lernen nennen), das Wachsen an den eigenen Aufgaben, verankern sich nachhaltig in unserem Gehirn. Begeisterung und das gute Gefühl „Ich bekomme es hin!" entstehen und ermutigen für das weitere Lernen und Entdecken.

Um das zu unterstützen, sind Kinder auf Erwachsene angewiesen, die das Kind sehen. Die nicht aus Ängstlichkeit das Kind überbehüten, die dem Kind alle Hindernisse aus dem Weg räumen und mit besorgter Miene und ängstlicher Stimme den Prozess begleiten oder gar unterbrechen aus übertriebener Sorge vor Verletzungen. Sondern Erwachsene, die ihm das Gefühl von Liebe und Geborgenheit vermitteln, Interesse haben und dem Kind mit Achtsamkeit begegnen. Die eine gute Beziehung zu ihm haben. Ein Umfeld, das von Lust und Freude geprägt ist und in dem Menschen sich wertschätzen und gut miteinander umgehen.

Die zweite Ebene ist die **Entwicklung der Integrität und die Kooperation** (vgl. Conrad 2017). Integrität meint die persönlichen Wünsche, Bedürfnisse, Grenzen, Träume – oder auch schlicht das Ich, die Individualität oder die Identität. Die Kooperation (das Wir oder die Gemeinschaft) ist eine aktive Zustimmung zur Zusammenarbeit. Sie ist tief in uns verankert und sie verkörpert unsere Eigenschaften als soziale Wesen. Der Unterschied zur Anpassung ist, dass Anpassung eine Unterordnung ist. Kinder entwickeln sich in einem wechselseitigen Verhältnis des Ich und des Wir, der eigenen Individualität und der Gemeinschaft. Dieses Wechselspiel ist ein lebensbegleitender Spannungsbogen zwischen dem, was wir selbst wollen und dem, was andere von uns wollen. Verlagert sich unser Entscheidungsregler in die Richtung, dass wir immer das tun, was andere von uns wollen, werden wir am Ende ein angepasstes und fremdbestimmtes Leben führen. Dahinter steckt das Bedürfnis, in einer Gemeinschaft mit anderen Menschen zusammen zu sein. Schieben wir den Regler dauerhaft in Richtung Ich, werden wir ein aufgeblasenes, egozentrisches Ich entwickeln, hinter dessen Fassade sich ein sinnentleertes Vakuum entwickelt. Die Bewusstmachung dieses Spannungsfeldes lässt die Dinge in einem neuen Licht erscheinen und uns unsere innere Balance wiederherstellen. Daraus entwickelt sich optimalerweise die Kunst, zu anderen Menschen mit einem guten Gewissen nein zu sagen. Diese Neins sind keine Ablehnung, auch wenn sie oft so verstanden werden, sondern lediglich ein Ausdruck der eigenen Individualität. Sie sagen etwas über unsere unterschiedlichen Bedürfnisse aus, über unterschiedliche Ziele und Wünsche. Sie sind der sprachliche und liebevolle Ausdruck der eigenen persönlichen Grenzen. Das ist eine Einladung für das Gegenüber, sich selbst auch seiner Bedürfnisse und Wünsche bewusst zu werden und diese als Ausdruck der eigenen Individualität in einer persönlichen Sprache zu formulieren. Der entstehende Konflikt, soweit es einer ist, führt dazu, einen gemeinsamen Aspekt zu finden oder auszuhandeln, ohne abzuwerten oder zu beschämen. Diese „Konflikte" sind nötig, um uns selbst und den anderen besser kennenzulernen. All dies fördert die persönliche Entwicklung und die Gemeinschaft und stärkt die innere Motivation. Kinder fangen schon sehr früh damit an, nein zu sagen, also ihre persönliche Grenzen auszudrücken. Statt unseren Willen durchzusetzen, sollten wir uns an die vorhandene Kooperation erinnern. Kooperieren Kinder nicht, könnte das auf eine Schieflage der Beziehungsebene hinweisen. Kinder möchten Erwachsene, die authentisch sind und ihre persönlichen Grenzen zum Ausdruck bringen, die Leuchttürme sind, die den Kindern Orientierung geben, die Beziehungen und die Neugierde der Kinder stärken.

Die dritte Ebene ist die des **Selbstvertrauens und des Selbstwertgefühls** (ebd.). Das Selbstvertrauen hat in der Regel mit einer Fähigkeit zu tun. Je besser ich etwas kann, desto höher das Selbstvertrauen. Es wird durch Belohnungen und durch Lob gestärkt. Ein gutes Selbstvertrauen ist generell in Ordnung. Kritisch wird es, wenn wir annehmen, ein hohes Selbstvertrauen wirke persönlichkeitsstärkend und stabilisierend. Das Gegenbeispiel sind leider einige berühmte Persönlichkeiten mit enormen Fähigkeiten, die süchtig wurden und tief stürzten. Sie haben sich ausschließlich über ihre Fähigkeiten und ihren guten Ruf definiert. Die persönliche Entwicklung und das Selbstwertgefühl bleiben unterentwickelt. Trotz Ruhm entsteht ein inneres Vakuum, das gefüllt werden will, ersatzweise mit Süchten oder anderen Eskapaden.

Anders das Selbstwertgefühl, das besagt, dass ich so, wie ich bin, ok bin, unabhängig von Leistungen oder Fähigkeiten. Mit einem guten Selbstwertgefühl können Defizite und Misserfolge gut verkraftet werden. Ein gut entwickeltes Selbstwertgefühl ist abhängig von der Qualität der weiter vorn erwähnten Ebenen Gebundenheit/Wachstum und Integrität/Kooperation. Negativ ausgedrückt: Misstrauen, Kritik, Anpassung, Verletzung von persönlichen Grenzen und schlechte Beziehungen sind für das Selbstwertgefühl nicht förderlich. Ein schlechtes Selbstwertgefühl ist ein Hemmschuh für das Entdecken und Lernen. Hat das Kind das Gefühl verinnerlicht, dass es so, wie es ist, nicht ok ist (sondern anders sein müsste, so, wie es eher den Vorstellungen der Erwachsenen entspricht), wird es kaum mehr Lust haben, etwas Neues entdecken zu wollen. Denn das Neue hat immer auch mit Unsicherheit und mit der Möglichkeit des Scheiterns zu tun.

So wird auch verständlich, dass ein gutes Selbstwertgefühl sehr eng mit Motivation zusammenhängt. Wenn Kinder das Gefühl haben, dass sie so, wie sie sind, ok sind, werden sie auch mutiger und motivierter, eigene Erfahrungen zu machen. Selbst wenn sie scheitern, werden daraus keine Selbstabwertungen entstehen, sondern die Neugierde drängt zu neuen Lösungsversuchen.

Neben diesen drei beschriebenen Ebenen ergänzend noch ein Blick auf die Gehirnentwicklung. Wenn etwas sinnvoll und nützlich ist, wenn die beteiligten Menschen zuversichtlich und wertschätzend sind, wenn die Beziehungen gut sind und wenn Freude spürbar ist, werden aus neurobiologischer Sicht die körpereigenen Motivationssysteme hochgefahren. Das bedeutet, Botenstoffe wie Dopamin (das Wollen wird verstärkt, Ausschüttung bei Neugierde), Opiode (stärken das Wohlbefinden) und Oxytocin (das Freundschaftshormon stärkt die Kooperation mit Menschen; vgl. Bauer 2009) werden ausgeschüttet. Begeisterung fördert Begeisterung (vgl. Bauer 2008, S. 33 und 49). Sie ist der „Dünger" für unsere Gehirnentwicklung. Durch diesen Mix, dessen Wirkstoffe sich gegenseitig ergänzen, entsteht Motivation.

AUF DEN PUNKT Die Beziehungsqualität hat auf unser Gehirn einen maßgeblichen Einfluss. Sie ist schlicht der Kern der Motivation.

Wenn wir den Blickwinkel verändern, wird die Kehrseite deutlich. Diese Botenstoffe können aus Sicht der Gehirnforschung auch von ganz anderen Dingen ausgelöst werden. Auch Drogen wie Kokain und Heroin bewirken die gleichen Effekte. Sie lösen ebenso begeisternde Emotionen aus mit dem gravierenden Nachteil der Suchtgefahr und der Abhängigkeit. Denn die euphorisierenden und berauschenden Phasen werden immer kürzer und die Dosis muss ständig erhöht werden. Die Auswirkungen dieser Suchtdrogen sind in ähnlichen, wenngleich auch medizinisch ungefährlicheren, Auswirkungen bei Belohnungssystemen zu entdecken. Sie können ähnliche kurzfristige euphorische Impulse freisetzen. Kinder können sich über entsprechende Belohnungen sehr freuen, jedoch wird die Wirkungszeit immer kürzer und verlangt mehr nach der „Droge" Belohnung. Auch hier kann sich ein **„Suchtverhalten"** einstellen. Denn Belohnung kann auch den Effekt haben, dass sie dazu motiviert, noch mehr Belohnung zu erhalten (lobsüchtige Kinder). Es geht nicht mehr um den Kern, die Aufgabe, sondern um die Verführung. Auf der persönlichen Ebene sind die Nebenwirkungen nicht weniger gravierend: Die Abhängigkeit, die Verletzung der eigenen Integrität und die entstehende Ohnmacht. Dieses Beispiel zeigt plakativ und etwas überspitzt die Wirkungen und die Auswirkungen zum Thema Belohnungssysteme.

Ganz praktisch

Ein ganzheitliches Thema

Wir Menschen sind von Geburt an motiviert. Sonst hätten wir nicht laufen oder sprechen gelernt oder uns technisch weiterentwickelt.

Das macht die Frage, was motiviert, fast überflüssig. Die viel wichtigere Frage, die wir uns stellen müssen, ist: Warum sind viele Menschen demotiviert? Oder anders gefragt: Was müssen wir tun, damit die angeborene Motivation erhalten bleibt?

GUT ZU WISSEN Menschen sind von Natur aus motiviert. Wir möchten gestalten und entdecken. Motivation ist aber abhängig von einem Umfeld, in dem menschliche Beziehungen gelingen.

Aus Sicht der Praxis sind Belohnungs- und Lobsysteme einfach umsetzbar. Jedoch, wie wir gesehen haben, mit zweifelhaften Auswirkungen.

Daher kann es in diesem Kapitel nicht darum gehen, einfach die Methoden auszuwechseln, da Methoden zulasten der Beziehungsebene gehen. Sie haben nicht selten das Ziel, andere Menschen zu verändern. Methoden machen aus Menschen Objekte, für die es dann scheinbar ein Rezept gibt.

Wenn wir die Motivation aus Sicht der Praxis sehen, wird schnell deutlich, dass es hier um ein ganzheitliches Thema geht, bei dem mehrere Faktoren zusammenwirken.

Die größte Wirkung auf die Motivation der Kinder geht von uns Erwachsenen aus. Wenn unser inneres Feuer brennt und wir es verstehen, diese Fackel weiterzugeben, wird die Motivation bei den Kindern gefördert und verstärkt.

REFLEXION

- Nehmen Sie sich als einzigartigen Menschen wahr?
- Wie wertschätzend gehen Sie mit sich selbst um?
- Spüren Sie Ihr inneres Feuer, Ihre Themen, für die Sie brennen?
- Wie ist das Klima in Ihrer Familie / in Ihrem Kita-Team?
- Angenommen, Sie wären ein Kind: Welcher Ort wäre inspirierend für Sie, wo könnten Sie lustvoll und kreativ spielen? Ein Ort, bei dem Sie in Ihr Spiel eintauchen könnten in der guten Gewissheit, dass Sie gesehen und anerkannt werden?
- An was würden Sie spüren, dass Sie ein wertvoller Teil der Gemeinschaft sind?

Sich selbst in die Rolle der Kinder zu versetzen, ist eine gute Möglichkeit, das eigene Handeln zu reflektieren. Denn wir Erwachsenen sind Leuchttürme für die Kinder und geben ihnen wichtige Signale für ihren Lebensweg. Der Perspektivwechsel wäre dann die Frage nach den Auswirkungen: Wie kommen meine Signale beim Kind an? Neben dieser reflexiven Selbstbefragung gibt es natürlich auch die Möglichkeit, das Kind und seine Reaktionen zu beobachten oder es zu fragen. Aus den erhaltenen Rückmeldungen können wir unser Handeln verändern.

Im Zusammenleben mit Kindern sind **Feedbacks** eine wichtige Rückmeldung zur gemeinsamen Entwicklung.

Wie sieht das jetzt mit dem Lob aus? Was mache ich mit meinen Lobkärtchen? Darf ich weiterhin loben? Ja, dürfen Sie. Mit Einschränkungen: Nicht mehr so oft, ohne Manipulationsgedanken – und beobachten Sie die Auswirkungen.

Doch statt zu loben, suchen Sie lieber den Kontakt zu den Kindern. Gehen Sie neue Wege. Nehmen Sie in Kauf, dass sich das für Sie vielleicht noch sehr ungewohnt anfühlt oder dass Sie noch nicht die entsprechenden Worte finden. Sie sind Pionier in einem neuen Feld, für das es noch kaum Vorbilder gibt. Beobachten Sie sich selbst, wie es Ihnen dabei geht, und probieren Sie sich aus. Beobachten Sie auch die Kinder, wie die reagieren. Vielleicht sind sie anfangs sehr enttäuscht, weil sie ihre Lobkärtchen gewohnt und darauf fixiert sind. Sie wissen jetzt, dass die Kinder eigentlich etwas ganz anderes bräuchten, um ihre Bedürfnisse zu stillen. Lassen Sie sich also nicht beirren, Sie werden die Unterschiede dauerhaft bemerken. Sie können Ihre Erfahrungen in einem persönlichen „Erfolgsbüchlein" festhalten. So können Sie später mit einiger Distanz reflektieren, wie Sie sich und Ihre Beziehung zu den Kindern verändert haben.

REFLEXION
Wie würde es Ihnen gehen, wenn Sie für das, was Sie gerade tun, ein Lobkärtchen bekommen würden? Wenn Sie die dahinterliegenden Absichten und Erwartungen anderer Menschen bemerken?

Wo ist die menschliche Nähe, Wärme, Liebe? Wieso fällt es uns so schwer, diese auszudrücken? Wenn Kinder etwas gebastelt oder gemalt haben, kommen sie in der Regel zu uns Erwachsenen. Damit bringen sie zum Ausdruck: Schau, so lieb hab' ich dich! Die Reaktion der Erwachsenen ist dann oft „Gut gemacht!" oder „Schönes Bild!" Das Kind wird das mit Liebe verwechseln und mehr Bilder malen, um diese Liebe zu bestätigen. Jetzt folgt die Bilderflut mit deutlich absteigender Qualität. Wer lobt, wird mit Bedeutungslosigkeit überschüttet. Sie sind jetzt in der Lob-Tretmühle. Dabei spüren die Kinder, dass Lob nichts mit Liebe zu tun hat, die sie so bräuchten. Das Lob ist ein Ersatz dafür. Sie strengen sich an in der Hoffnung, Nähe und

Wärme zu bekommen und spüren innerlich, dass da ein Vakuum entsteht. Das, was sie brauchen, bekommen sie nicht. Was Erwachsene in Form von Lob und Belohnung geben, erfüllt nicht die Bedürfnisse der Kinder nach Liebe und Nähe. Die Kinder werfen ihren Eltern vielleicht später vor, dass sie das, was sie gebraucht hätten, nie bekommen haben. Die Eltern wiederum werfen den Kindern Undankbarkeit vor, da sie ihnen schließlich alles gegeben hätten. Geben und Nehmen sind hier auf zwei verschiedenen Ebenen, die sich nicht treffen: die materielle und die menschliche Ebene.

Beschreiben Sie in Ihrem Feedback, was das Kind mit seinem Bild in Ihnen auslöst. Welche Gefühle haben Sie in der Situation? Freuen Sie sich? „Ich freue mich, dass du so ein schönes Bild gemalt hast." Sie können mit dem Kind das Bild betrachten und in einer fragenden Haltung gemeinsam das Bild erkunden. Was hat sich eventuell seit dem letzten Bild verändert? Was hat das Kind damit gemeint? An was fühlt es sich erinnert? Wann hat es das so schon einmal gesehen/erlebt? Das können Sie idealerweise schon in der Malphase tun, wenn das Kind es ermöglicht. Die Aufmerksamkeit und das Interesse, wie Sie das Bild betrachten und wie Sie sich auf das Kind einlassen, ist entscheidend. Wenn Sie ein Bild loben, ohne es wirklich zu meinen, spüren die Kinder, dass Sie nicht ehrlich sind.

Angenommen, das Kind hat jetzt ein Kritzelbild gemalt. Wie können Sie reagieren? Eine Möglichkeit wäre: „Ich freue mich, dass du gemalt hast. Ich kann aber noch nicht erkennen, was du da gemalt hast." Vielleicht sagt das Kind: „Nichts." Dann könnten Sie sagen: „Ah, du hast geübt." Wenn das Kind nochmals ein Bild malt, das anders aussieht, könnten Sie sagen: „Jetzt hat sich dein Bild verändert." Sie können dann die Veränderungen beschreiben.

GUT ZU WISSEN Entscheidend für Motivation ist, dass wir als Menschen gesehen werden, dass wir Vertrauen, Interesse und Zuwendung spüren. Der Kernsatz der Motivation lautet: **Menschen motivieren Menschen** durch ihr Menschsein.

Ein weiteres Beispiel zur Motivation: Ein dreijähriges Kind in der Kita trägt noch eine Windel. Sie merken, dass es nun körperlich reif ist, z. B. es merkt und sagt, dass es Pipi muss und auch zur Toilette gehen möchte wie die großen Kinder. Sie beobachten, wie das Kind die volle Windel als unangenehm empfindet und selbst den Wunsch hat, keine Windel mehr zu tragen. Es ist also intrinsisch motiviert und Sie können diese Motivation aufgreifen und es bei seiner Sauberkeitsentwicklung unterstützen. Dafür gibt es viele verschiedene Möglichkeiten. Wenn das Kind beispielsweise sagt, dass es zur Toilette gehen möchte, ermutigen und begleiten Sie es dabei. Vielleicht möchte es noch nicht allein gehen oder benötigt Hilfe beim Toilettengang. Sie können den Vorgang auch verbalisieren und dem Kind zeigen, was es beachten sollte. Oder bieten Sie zunächst ein Töpfchen an. Auf jeden Fall ist es wichtig, dass der Toilettengang als etwas ganz Natürliches empfunden wird und das Kind auch bei kleinen „Malheuren" nicht beschämt ist. Sie sollten die Kinder beobachten und ihren Rhythmus und ihre Signale kennen. Diese können Sie aufgreifen und das Kind für den Toilettengang interessieren und motivieren. Dafür bieten sich beispielsweise auch Bilderbücher zum Thema an, oder der Teddy darf einmal „probesitzen" (vgl. Stamer-Brandt 2016). Erkennen Sie die Erfolge des Kindes an, denn die eigenen Fortschritte sind die größte Motivation. Sagen Sie z. B.: „Das freut mich riesig, dass du Bescheid gegeben hast, als du Pipi musstest."

Wenn das Kind dann erfolgreich den Gang auf das Töpfchen oder die Toilette gemeistert hat und sehr stolz auf sich ist, können Sie das gemeinsam feiern. Feiern Sie, indem Sie sich für das Kind (und vielleicht mit den Kindern, die dabei waren oder auch ein ähnliches Erfolgserlebnis hatten) Zeit nehmen und Ihre Freude ausdrücken.

Gemeinsame Aktivitäten wirken nachhaltiger als Belohnungen.

GUT ZU WISSEN Die Sauberkeitsentwicklung ist ein individueller Reifungsvorgang und eine Entwicklungsaufgabe. Wann ein Kind seinen Schließmuskeln und seinen Beckenboden vollständig kontrollieren kann, hängt von seiner körperlichen Entwicklung ab. Diese Entwicklung findet im Alter von zwei bis sechs Jahren statt. Wenn das Kind nicht körperlich reif und von sich aus motiviert ist, Abschied von der Windel zu nehmen, darf es nicht dazu gedrängt werden. Selbst durch ein kontinuierliches Toilettentraining täglich und zu festen Zeiten kann das Sauberwerden nicht beschleunigt werden, wenn das Kind entwicklungsbedingt einfach noch nicht bereit dazu ist (vgl. ebd.).

Ein paar Worte zum Schluss

Der Weg zu einer neuen Wir-Kultur

Das Thema Motivation ist immer noch mit vielen Mythen behaftet. Dadurch wird es zu einem wahren Energieräuber, denn im Grunde versuchen wir ständig, andere Menschen durch Motivation zu verändern, was aber nicht möglich ist. Der dauerhaft ausgeübte Druck tut uns selbst nicht gut und denjenigen, die den Druck abbekommen, genauso wenig.

Wir könnten mit zwei Dingen anfangen, um etwas mehr Distanz zu bekommen. Zum einen ist da das Vertrauen, das bisher sehr unter die Räder kam. Das Misstrauen hat sich eingenistet, mit dem in der Regel Kritik, Abwertung und ein hoher Zeitaufwand verbunden sind. Vertrauen wäre das Gegenmittel. Vertrauen ist in einem ersten Schritt ein Vorschuss. Wenn wir Bedingungen daran knüpfen („Ich vertraue dir wieder, wenn du dein Zimmer aufräumst") spüren die Menschen, dass es um Misstrauensbekundungen geht. Vertrauen hingegen heißt auch, die eigenen Kontrollsysteme herunterzufahren. Vertrauen schafft Spiel- und Entwicklungsräume, die wir benötigen, um uns in einem geschützten Rahmen zu entwickeln. Es macht uns auch verletzlicher und damit authentischer. Beim Thema Familien habe ich das Alltags-Hamsterrad beschrieben.

Was würde uns guttun, um da etwas mehr Abstand zu bekommen? Gelassenheit und Achtsamkeit. Das Bewusstwerden unserer Sicht auf die Welt, wie wir uns dadurch immer stärker einschränken und Angst und Unsicherheit erzeugen, wäre ein wichtiger Schritt der Veränderung. Mit mehr Distanz bekommt unser Leben eine neue Perspektive und wir kommen wieder in Balance.

Ich möchte Sie an dieser Stelle einladen, ein Bild unserer Zukunft zu entwerfen.

Wir leben heute noch in überwiegend hierarchischen Strukturen. Jedoch lässt sich die heutige komplexe Welt nicht mehr in eine Hierarchie packen. Doch was tun wir, wenn wir uns von den Hierarchiepyramiden verabschieden müssen?

Wir sind soziale Wesen, wir wollen Verantwortung übernehmen, wir wollen gesehen werden und wir können mit komplexen Themen umgehen. Um diese Fähigkeiten auch zu entfalten, müssen sich die Rahmenbedingungen ändern. Wir brauchen Räume, in denen wir uns so erleben dürfen, wie wir sind. In denen wir nicht bewertet, kritisiert ober beschämt werden. Räume, in denen es um das Wir geht, in denen Entschleunigung stattfinden und die Entwicklung fördern. Wenn Beziehungen unter die Haut gehen und uns im Innern ergreifen, spüren wir, wie wir uns innerlich verändern können.

REFLEXION

- Welche Rahmenbedingungen bräuchten Sie, um Ihre Potenziale entfalten zu können?
- Wie müssten andere Menschen mit Ihnen umgehen, was müssten sie tun, damit Sie spüren könnten, dass gemeinsame Schwingungen (Resonanz) entstehen?
- Welches sind Ihre Orte, an denen Sie Resonanz verspüren? Wie würden Sie diese Orte beschreiben und was ist das Besondere?
- Wir könnten uns wieder als ein Teil der Welt fühlen, die uns auch antwortet? Wir müssten niemanden mehr verändern und wir könnten uns und unsere Umwelt so akzeptieren und lieben, wie sie ist.

Das klingt utopisch? Wir befassen uns zunehmend mit dem Thema Digitalisierung, das vor allem als technisches Phänomen wahrgenommen wird. Genau betrachtet ist sie eine soziale Revolution. Wir werden uns von den jahrhundertealten Hierarchien schneller verabschieden, als wir uns das heute noch vorstellen können. An deren Stelle wird die Kooperation der vielen kleinen Einheiten treten. Wir werden eine neue Art der Zusammenarbeit entwickeln. Wir werden als Konsumenten und als Bürger ganz neue Möglichkeiten bekommen. Wir werden eine neue Wir-Kultur kreieren. Die Zukunft setzt auf Menschen, die innerlich stabil sind und eine ausgeprägte Individualität haben, die kreativ, beziehungsfähig und kooperativ sind und eine veränderte Haltung mitbringen.

Sehen Sie sich Wikipedia an, das ein zivilgesellschaftliches Projekt ist. Hätten wir uns vor ein paar Jahren noch vorstellen können, dass der gute alte Brockhaus mal überflüssig wird? Er musste einem virtuellen Lexikon weichen, an dem jede Frau und jeder Mann mitarbeiten kann, wohlgemerkt ohne Bezahlung. Der Brockhaus symbolisiert die alte Form der Hierarchiepyramide. An zentraler Stelle wurde von wenigen das Wissen definiert und festgeschrieben. Die Kunden kaufen das Produkt und haben kaum Einfluss auf die Entstehung. Wikipedia steht für eine völlig andere, wesentlich komplexere und vernetztere Struktur. Konsumenten sind gleichzeitig Produzenten (Prosumenten). Sie engagieren sich, inspirieren sich, korrigieren sich und bringen ein gemeinsames Produkt auf den Markt, das für jeden verfügbar ist. Aus der Hierarchie wurde eine neue Wir-Kultur. Was hier im Einzelnen stattfindet, wird sich durch die zunehmende Digitalisierung großflächig verbreiten. Auch staatliche Mediensender haben keine Informationshoheit mehr. Das Internet bietet weltweit unzählige andere Quellen.

Es gibt zwischenzeitlich auch viele Organisationen und Unternehmen, die ohne Hierarchiepyramide auskommen. Sie haben die Worte Gewinn und Konkurrenz aus ihrem Vokabular gestrichen. Der Nebeneffekt ist, dass diese Unternehmen trotzdem sehr erfolgreich sind, obwohl oder eher gerade weil sie ein völlig anderes Menschenbild haben und die Mitarbeiterinnen und Mitarbeiter in ihrer Ganzheit sehen und mit Selbstführungskompetenz ausstatten.

In der neuen Wir-Kultur werden wir nicht mehr über Motivation sprechen, sie ist einfach da. Weil uns unser Leben als sinn- und würdevoll erscheint.

Literatur und Leseempfehlungen

Bauer, Joachim: Prinzip Menschlichkeit. Warum wir von Natur aus kooperieren. Wilhelm Heyne Verlag, München 2008.

Bauer, Joachim: Erziehung durch Spiegelung. Schulentwicklung aus dem Blickwinkel der Hirnforschung. In: Grundschule, 41/3 2009, S. 50–52.

Bauer, Joachim: Schmerzgrenze. Vom Ursprung alltäglicher und globaler Gewalt. Wilhelm Heyne Verlag, München 2013.

Conrad, Axel: Regeln, Grenzen, Konsequenzen. Cornelsen Verlag, Berlin 2017.

Endres, Peter M. / Hüther, Gerald: Lernlust. Worauf es im Leben wirklich ankommt. Murmann Verlag GmbH, Hamburg, 2014.

Felber, Christian: Gemeinwohl-Ökonomie. Aktualisierte und erweiterte Taschenbuchausgabe. Piper Verlag GmbH München 2018.

Furman, Ben: Ich schaffs! Spielerisch und praktisch Lösungen mit Kindern finden – Das 15-Schritte-Programm für Eltern, Erzieher und Therapeuten. Carl-Auer-Systeme Verlag, Heidelberg, 2. Auflage 2007.

Hüther, Gerald: Was wir sind und was wir sein könnten. Ein neurobiologischer Muntermacher. S. Fischer Verlag GmbH, Frankfurt, 2. Auflage 2012.

Hüther, Gerald / Hauser, Uli: Jedes Kind ist hoch begabt: Die angeborenen Talente und was wir aus ihnen machen. Albrecht Knaus Verlag, München 2012.

Juul, Jesper: Dein kompetentes Kind. Rowohlt Verlag GmbH, Reinbek bei Hamburg, 5. Auflage 2006.

Juul, Jesper: Nein aus Liebe. Klare Eltern – starke Kinder. Kösel-Verlag, München, 10. Auflage 2011.

Juul, Jesper / Jensen, Helle: Vom Gehorsam zur Verantwortung. Beltz Verlag, Weinheim und Basel, 3. Auflage 2009.

Königswieser, Roswita: Gelassenheit. In: Königswieser, Roswita / Lutz, Christian (Hrsg.): Das systemisch evolutionäre Management. Der neue Horizont für Unternehmer. Orac Verlag, Wien 1990.

Kohn, Alfie: Liebe und Eigenständigkeit. Die Kunst bedingungsloser Elternschaft, jenseits von Belohnung und Bestrafung. Deutsche Ausgabe Arbor Verlag GmbH, Freiburg, 6. Auflage 2016.

Laloux, Frederic: Reinventing Organizations. Ein Leitfaden zur Gestaltung sinnstiftender Formen der Zusammenarbeit. Verlag Franz Vahlen, München 2015.

Pink, Daniel H.: DRIVE. Was Sie wirklich motiviert. Ecowin Verlag, Salzburg 2010.

Rosa, Hartmut / Endres, Wolfgang: Resonanzpädagogik. Wenn es im Klassenzimmer knistert. Beltz-Verlag, Weinheim, 2. Auflage 2016.

Spiegel, Peter: WeQ. More than IQ. Abschied von der Ich-Kultur. oekom verlag, München 2015.

Spitzer, Manfred: Lernen. Gehirnforschung und die Schule des Lebens. Spektrum Akademischer Verlag, Heidelberg 2006.

Sprenger, Reinhard K.: Geld oder Leben. Was uns wirklich antreibt. Campus Verlag GmbH, Frankfurt am Main, 2014.

Sprenger, Reinhard K.: Mythos Motivation. Wege aus einer Sackgasse. Campus Verlag GmbH, Frankfurt am Main, 19. Auflage 2010.

Sprenger, Reinhard K.: Die Entscheidung liegt bei dir. Wege aus der alltäglichen Unzufriedenheit. Campus Verlag Frankfurt/New York 2004.

Stamer-Brandt, Petra: Sauberkeitsentwicklung bei Kita-Kindern. Cornelsen Verlag, Berlin 2016.

Autoren-info

Axel Conrad, Dipl.-Päd., studierte Pädagogik und Pädagogische Psychologie (Päd. Hochschule Reutlingen) und Organisationsentwicklung (Universität Tübingen). Er war Schulleiter an einer Privaten Fachschule für Sozialpädagogik und eines Berufskollegs. Er bietet freiberuflich pädagogische Fortbildungen, systemische Personal- und Organisationsentwicklung und Nachhaltigkeitsmanagement an. Mehr Informationen auf seiner Website.

NOTIZEN

NOTIZEN